Fafoune

joue dans les feuilles

SODEC
Québec

Gouvernement du Québec – Programme de crédit d'impôt pour l'édition de livres – Gestion Sodec

info@lesmalins.ca

Éditeur : Marc-André Audet
Conception graphique et montage : Energik Communications
Dessins : Louise D'Aoust
Couleurs : Claude Dupras

Dépôt légal – Bibliothèque et Archives nationales du Québec, 2011
Dépôt légal – Bibliothèque et Archives Canada, 2011

ISBN : 978-2-89657 135-2

Imprimé au Canada

Les éditions Les Malins
1447, rue Wolfe
Montréal (Québec)
H2L 3J5

Oh ! Une feuille...

En voici une deuxième, puis une troisième.

Comme c'est rigolo !

#1

Catastrophe de catastrophe ! ! !

Il pleut tout plein de feuilles ici ! ! !

Bon, il ne faut pas s'affoler.

Du calme.

Je crois que j'ai une idée.

#1

Je prends les feuilles une à une,
je les dépose convenablement...

#1

Je m'éloigne, puis je cours

TRÈS TRÈS vite.

#1

Je saute, culbute et tourne complètement dans les airs et...

1

POUF ! Dans les feuilles ! ! !

Moi, **j'adoooooorrrrrrreeee** l'automne.

C'est merveilleux !

1

Oh ! As-tu vu ?
Il y a quelque chose d'anormal.

Mais... ça bouge !

#1

AU SECOURS ! ! !

J'ai peur. Qu'est-ce que c'est ?

1

Oh !
Une jolie limace qui était cachée
sous les feuilles.

Bonjour toi.

Attends, j'ai une autre idée géniale.

Je cueille
une superbe pomme rouge.

#1

Je fais un gros trou au milieu.

#1

Coucou, les amis ! ! ! !

1

Un petit parapluie
pour les jours de pluie,
mes chaussettes...

#1

Et voilà !

Une belle maison
pour ma chère amie limace ! ! !

Fafounet

De la même collection, découvrez aussi :

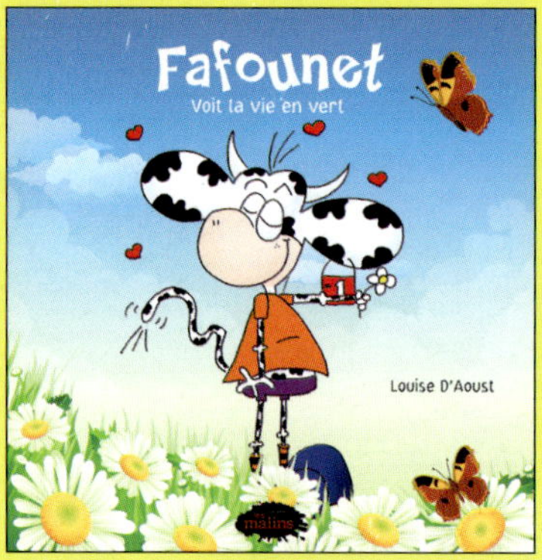

Fafounet voit la vie en vert

Fafounet Le mystère d'Halloween

Fafounet La surprise de Noël

Fafounet Part en voyage

Fafounet va à l'école

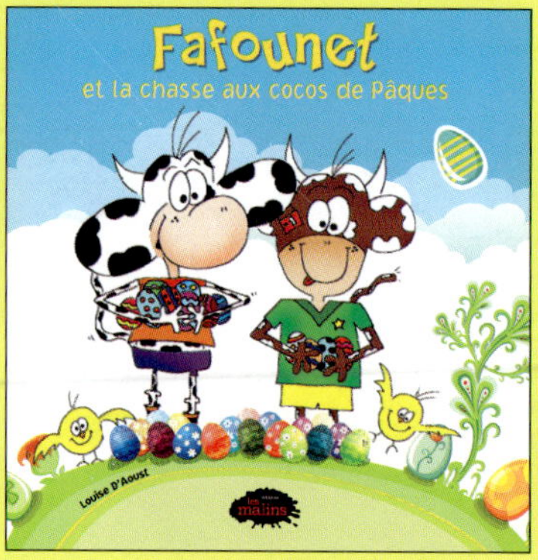

Fafounet et la chasse aux cocos de Pâques

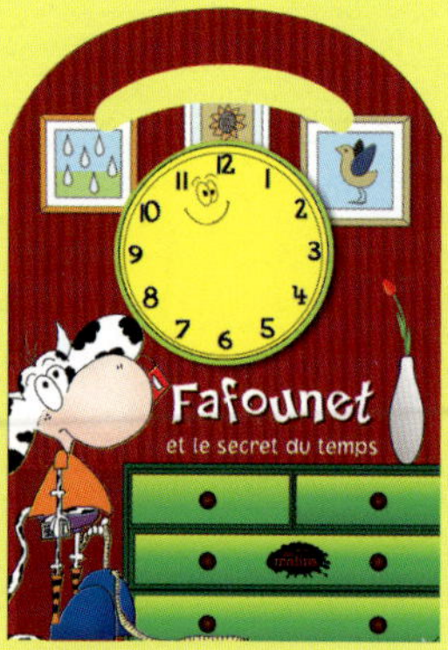

Fafounet et le secret du temps